바다는 세 번 옷을 갈아입는다

바다는 세 번 옷을 갈아입는다

초판 1쇄 인쇄 | 2021년 4월 15일
초판 1쇄 발행 | 2021년 4월 20일

지 은 이 | 우인식
펴 낸 이 | 박세희

펴 낸 곳 | ㈜도서출판 등대지기
등록번호 | 제2013-000075호
등록일자 | 2013년 11월 27일

주 소 | (153-768) 서울시 가산디지털2로 98,
　　　　2동 1110호(가산동 롯데IT캐슬)
대표전화 | (02)853-2010
팩　 스 | (02)857-9036
이 메 일 | sehee0505@hanmail.net

편집·디자인 | 박세원

ISBN 979-11-6066-068-5
ⓒ 우인식 2021, Printed in Seoul, Korea
　 값 12,000원

• 잘못된 책은 구입하신 서점에서 바꾸어 드립니다.
• 후원: 전남문화재단

바다는
세 번 옷을
갈아입는다

우인식 시집

등대지기

시인의 말

마음 담아둔 글
어떤 이가 읽어주는 소리
가을날 밤 한 톨 주워 기뻐하듯
그 소리 좋아 또 쓰고 있다

2021년 4월
우인식

차례

시인의말 ⋯ 05

제1부

겨울나무 아래서 ⋯ 13

蓮의 물 편지지 ⋯ 14

편백 향 날던 날 ⋯ 15

바다는 세 번 변한다 ⋯ 16

넝쿨장미의 외출 ⋯ 17

뒷모습 그림자 하나 보았네 ⋯ 18

봄을 낚는 휘추리 ⋯ 19

싸릿대 봄날 ⋯ 20

어머니와 벚꽃 ⋯ 21

삼십 촉 행복 ⋯ 22

응급실 비소(非笑) ⋯ 24

참! 햇살 정 있는 오후 ⋯ 26

할머니 놋쇠 화로 ⋯ 27

타인능해 ⋯ 28

챔질 ⋯ 29

붕어빵 ⋯ 30

벤치의 오후 ⋯ 31

하얀 밤의 비밀 ⋯ 32

보림사 ⋯ 34

공기(空氣)를 만져 보네 ⋯ 36

겨울 채비 ⋯ 37

먼 강 울음 ⋯ 38

제2부

서도역(書道驛)의 봄 … 41

대숲과 토끼 … 42

아카시아 … 44

말해 줘 … 45

노오란 산동네 … 46

한 발짝 … 47

아버지 은수저 … 48

아침 밥상 … 50

초리 끝 별 하나 … 51

오월의 눈꽃 … 52

하늘 거울 … 53

달빛과 그림자 … 54

향기 피어나는 날 … 56

한 마리 새가 되어 … 58

키질 … 59

백설 꽃 … 60

태풍 날개 … 61

하늘나리 … 62

한결 따스하지 않냐? … 63

심안(心眼) … 64

시월을 읽다 … 65

문중 다른 빗방울 … 66

제3부

달빛 어리는 수수밭 … 69

신세대 허수아비 … 70

정월 … 71

불그레한 호박 … 72

조율 … 73

바람이 슬프다 … 74

빨강 울타리 … 75

빛의 혼례 … 76

겨울이 무색하구나 … 77

피조개 밥 … 78

달빛 울음 … 80

홍수 … 81

대청의 환희 … 82

달빛 뒤편에서 … 84

오만한 영혼 … 85

아메리카노 향 빗소리를 듣고 … 86

늦은 오후 … 87

성탄절 이틀 후 … 88

할아버지와 숨바꼭질 … 90

한쪽 코가 낮은 구두 … 92

양지(陽地) … 94

마스크 … 95

제4부

산란(産卵) … 99

발효되는 봄 … 100

적란운 … 101

봄, 그리며 … 102

침묵의 성찰 … 103

무겁지 않네 … 104

화술(話術) … 105

비안개 … 106

노크 … 107

비 갠 초여름 … 108

월포마을 … 109

다윗 반지 … 110

거울 … 111

얼굴마저 … 112

웅도 … 113

새 소리도 적막하다 … 114

정월 … 115

나들이 … 116

유월 … 118

보름밤 한 뼘 … 119

빗소리와 펜 … 120

감또개 … 122

제5부

한가위 … 125

새벽 비 … 126

아테테 … 127

連理枝 2 … 128

여름 편지 … 129

공간(空間) … 130

달빛 울음 … 131

금둔사 … 132

가을은 … 133

노인과 상사화 … 134

아프다 바람! … 135

범종 … 136

잿빛 … 137

흙길 … 138

구월 … 139

벚꽃의 오해 … 140

비 오는 날 2 … 141

구월은 아프다 … 142

수능 … 143

보길도 … 144

겨울 속 봄 … 145

카톡 … 146

구름꽃 피던 날 … 148

작가노트 … 149

제1부

겨울나무 아래서

온기 가득한 차 안
비발디 겨울 바이올린
청아한 소리
가슴이 율동하는 것 같다
단아하고 경이로운 음색은
보슬비 소리 없이
소매 적시는 것처럼
잔잔한 물결 같다
차창 너머 마른 초리에 빨간
새 발가락은 누구의 발가락인지
구름 매달고 있는
겨울나무 아래서
가을이 다 거두어 가버린
산기슭 나목을 보고 있다
아이스크림처럼 달콤한 오후
지그시 감은 눈
관현악단 연주가 한창인
음을 베고
나른한 행복이 졸고 있는 오후

蓮의 물 편지지

花中花 꽃잎
茶器에 얹어
메마른 입술 단비처럼
적셔주고
폭우 쏟아질 때
청개구리 처마 되었네
소슬바람 불어
햇살 야위고 옅어져
떠나면서 첫 여름에게
다시 오리라 상형문자
물 편지지에 써놓았네

편백 향 날던 날

침 같은 이파리
그 아래서 난
졸음 겨워하듯
눈을 감는다
초여름 바람에
피톤치드 날아들어
안개처럼 폐부를 감싸 준다
첫 유월 속에서
잎새들에 햇살 스치는
소리 듣고 있다

바다는 세 번 변한다

동쪽 붉게 물들고
정오엔 윤슬로 단장하고
서녘 잘 익은 호박 빛
빛나고
하루 세 번 변하려
옷을 갈아입고 있다

넝쿨장미의 외출

뉘 집 담장, 우르르 몰려있어
보는 이도 행복한데
이 꽃 주인은 얼마나 기쁠까

줄줄이 손잡고 피어있는
빨간 입술 오월의 하늘 아래서
간간이 불어오는 바람과
눈맞춤하다

햇살에 들켜버린 꽃잎
무안한지 더 붉어지고 있네

뒷모습 그림자 하나 보았네

보르르 포르르 내리는
눈발을 헤치고
그림자도 없는 뒷모습만 남겨두고,

나는 그 뒷모습만 그리고 있네
절대로
절대로
뒷모습만 보리란 생각은
상상하지도 못했네
소나기 퍼붓다 멈춘 뒤
서녘 하늘에 무지개 걸리듯
가슴에 그리움
무지개처럼 걸어 놓았네
하얀 문 사이로 걸어가는
그림자도 없는 뒷모습
하나 보았네
눈은 지천으로 내리는데

봄을 낚는 휘추리
- 선암사

하얀 목련꽃 봉오리
말간 햇살을 고봉밥처럼
다복다복 받고 있다

수양벚꽃 휘추리
못에 낚시를 드리우고

진분홍 꽃잎 잉어 등에
앉아 있네

치미*에 앉아 있는
까마귀 까악까악
노랫소리에

나비 한 마리
날개로 장단을 맞추듯
팔랑팔랑 날고 있다

*치미: 전통 건물의 용마루 양쪽 끝머리에 얹는 장식 기와

싸릿대 봄날

밤은 깊고 길어
저 달 언제나 지려나
봄날은 밤처럼 오래오래
머물다 가면 좋으련만
무엇이 그리 바쁜지
강물처럼 흘러가니
창밖 꽃잎만이라도
싸릿대 빗자루처럼
가슴에 꽁꽁 묶어 두련다

어머니와 벚꽃

벚꽃이 필 때쯤이면
"가끔 꽃 곱게 필 때
가고 싶다"
어머니 가시던 날
산자락에 곱디고운
산벚꽃
어머니 음성이
들리는 듯하다

삼십 촉 행복

겨울이면 햇살이
방안 깊숙이
들어오는 아랫목
아이를 무릎에 앉히고
동화책을 읽어주면
고구마 익는 내음
방안에 솔솔
책 읽는 소리보다
아이는 냄비 달그락 달그락
소리에 마음이 더 쓰이는 것 같다
늦은 저녁 집으로 올 때면
밤하늘 별빛처럼
조그만 창문에
비치는 발그스름한 불빛
나를 기다리고 있을
아이들 웃음소리도
들리는 듯한,
삼십 촉은 어느 밝은 빛보다 큰
행복한 추억

겹동백 꽃잎처럼
삼십 촉 행복이
겹겹이 쌓여가고 있다

응급실 비소(非笑)

불식간에 배가 아파
응급실 치료 중
무거운 기운 깨뜨리고
건너편 남자
다리 하나 없는
안경을 쓰다
뚝 무릎에 떨어뜨렸다

누가 내 안경 가져갔냐고 오오

또 쓰다 툭

누가 내 안경다리 하나
뜯어 갔냐고

보다 못해 간호사
여기 환자들 너무 많이 아파
온 환자들이니 조용히 해달란다

\>
그러니까 왜 나를 못 가게 하냐고 오오

환자분이 술 취해 전봇대 들이박고
쓰러져 경찰이 모셔 왔어요

왜 전봇대가 날 때렸냐고 오오

몸을 못 가누어 또 쓰러졌다

누가 날 밀었냐고 오오

그 밤 응급실 환자 신음보다
취객의 소란으로
의료진 발자국 소리도 귀를 막는다

참! 햇살 정 있는 오후

유난히도 따사로운 오후
머언 산 중턱 햇살 있는
곳
계절보다 봄이 먼저
온 것 같다
으스스 떨리지만
마음은 봄
햇살이
어미닭 품에 노랑병아리
안기듯
안겨 있다
참! 햇살 정 있는 날

할머니 놋쇠 화로

한적한 시골길
이정표처럼 카페가 서 있다
사르르 번져오는 생강차 향
후후하며 쪼개낸 군고구마
어릴 적 사그락사그락
싸락눈 내리는 밤이면
할머니 놋쇠화로 달큰한
고구마 익어가는 내음
많이 닮았다
아련한 세월 너머
고구마 껍질 벗겨 주시던
할머니 하눌타리처럼 주름진 손
우련한 기억이지만
책갈피 사이 아기단풍
꽂아 넣듯 도닥도닥
끼워 넣고 있다

타인능해*

꽃 수술 누구나 가져가라고
곳간 활짝 열어 재끼고
잉잉들,
두 손, 잘 버무려
한 줌 한 줌 양손에 들고
봉방으로 줄달음친다
그들에겐 양식이고

푸푸 쑥 향 내 품는 이
결혼하는 자식 전세 비용이라도
마련하려고 바쁘다

봄날은 모든 물상
생명수다
그래, 명지바람 오늘도 꽃밭에
쟁기질하고 있다

*타인도 열게 하여 주위에 굶주린 사람이 없게 하라는 뜻

챔질*

섣달 보름 지난
개울물
버들개지가
봄을
챔질하고 있다

*챔질: 고기가 미끼를 건드려서 찌가 움직일 때
　　　낚싯대를 살짝 들어 올리는 일

붕어빵

엄마 머리맡에 붕어 한 마리
방문 열고 침이 고여 꼬리 한쪽 냠냠
나가다 또 한쪽 냠냠
두통 심한 엄마 머리맡
붕어빵 머리만
"엄마는 아들이 열한 살인데"
눈물 반,
"철이 없어 그랬겠지"
아이 마음 아플까 봐
그래도 두 손 꼬옥 잡아주던 엄마
천상으로 훠이 훠이
아들도 정수리에 흰 눈이 듬성듬성한
머리칼 날리며
어느 날 어머니와 두 손 꼭 잡고 싶어
훌쩍 떠난 아들 붕어 한 마리 들려
있었을까

벤치의 오후

공원 의자에 앉아 있는 노인
나를 흘끔거리고
몇 해 전 자기를 본 듯한지

옆 벤치에 앉은 흰 머리칼
곁눈으로 바라보다
몇 년 후 나 본 듯하다
주홍빛 노을이 능소화랑
숨바꼭질 하는지 자꾸 숨고
있다

하얀 밤의 비밀

누군가 기다리며
잠 못 이루어 불 밝힌 창
불빛 외로울까
달래줘야 할 것 같지만
어둠이 깰까 소리 없는
고양이 걸음으로
하얀 소맷자락 날리며
덩실덩실 더덩실
쿵더쿵 쿵더쿵
춤사위 한창이다
이따금 발자국
지우려 인절미에
흰 고물 뿌리듯
차르르 차르르
내리기도 한다
덩실덩실 더덩실
어릴 적 눈사람 숯으로
코도 입도 붙여 주느라
시린 손 호 불며

아랫목 이불 속
밥그릇처럼 넣고 있지
덩실덩실 더덩실
하얀 밤의 비밀은
이어지고 있네

보림사*

가지산 품 안
안개가 안겨 있듯
대웅전 처마 나래 펼쳤네
섣달 초이틀
겨울은 간데없고
풍경만 지그시
탑을 바라볼 뿐

발소리도 멈춰
새소리만 정적을
깨우는 날
첫봄보다 은혜로운
햇살 겨울은 저만큼

철 잊은
나비가 손등에 앉아 있다
대웅전으로 날아든다

매화 꽃봉오리,

풍경도 졸고 있는 오후
정자에 홀로 앉아
이제나 저제나 목탁소리
들리까
설레는 마음 가만히 귀 기울인다

*보림사: 전남 장흥군 유치면 가지산에 있는 절

공기(空氣)를 만져 보네

새하얀 꽃잎 말간 웃음
반가움에 만지려다
아차, 꽃잎 상할까 봐
잎 싸고 있는 공기만
만져 보네
숲을 딛고 일어나는
붉은 햇살 공기
이른 여름 아침이네
편백나무 새소리 내 귀를 만지고
오래전 어떤 얼굴 떠올라
모습 그리며 공기 더듬어
눈, 귀, 어깨 마음속에
새겨지고
길쭉길쭉 서 있는 편백나무
그림자 꼭 피아노 건반 같네

겨울 채비

파르라니 떨고 있다
초리 끝이
많이 춥진 않지만
그래도 잎들 바람칼처럼
날고
뉴스에선 올 늦가을
최고 추위가 예상된다고
초리에 미처 물들지 못한
잎새 바르르 바르르
떨고 있다
어쩌면 눈바람을 대비해
수련 중인 것 같다

먼 강 울음

삭풍 이는 계곡
소나무
눈이 버거운지
뚝 뚝 부러진다
먼 강 얼음 쩡쩡
울음 울고
까마귀 백설 속에
검은 점을 점점이
찍으며 가고 있다

제2부

서도역(書道驛)*의 봄

이른 아침 봄 안개 입김처럼 가득하다
아지랑이 이는 폐역 철로

꽃잎은 함박눈처럼 내리고
생머리 머리칼이 봄날을
빗질하고 있다

수십 년 전 떠난 기차
붓꽃이 기다리는 서도역
선로 전환기 이제나 저제나

벚꽃은 또 그네처럼 바람을
타고 있다
역사(驛舍) 앞 송이송이
벚꽃 터지는 소리 들릴 듯

*서도역: 전북 남원군 사매면 서도리 132-2번지에 있는 폐역

대숲과 토끼

소소리바람
대숲 흔들지만
정월을 품은 햇살은
아랫목처럼 온기가
어려 있다
오십 년 넘었지만
기억은 푸른 숲처럼
가슴에 살고 있다
엄마 나 돈 좀 주세요
지폐 몇 장 혹여 빠트릴까 봐
걸어가며 만져 보고
또 만져 보고
토끼 파는 마을은
시내 쪽에서
시오리 길 사촌 형들과
가는 길은 손 시린지도
몰랐다
바구니에서 꺼내 손으로
안아보면 빨간 구슬 같은

눈동자 두려운지 눈만
껌벅거린다
그럴 때마다 내 가슴도
콩닥콩닥
열 살 소년이 벌써
토끼털처럼 정수리에
하얀 눈이 내렸다
지금도 겨울 속 대숲에
햇살이 초봄을 꿈꾸면
열 살 소년은 토끼를
안고 오는 꿈을 꾸고
있다

아카시아

갈맷빛 기슭에 앉아
하모니카 불다
문득 흰 꽃 한 잎 베어 물었다
잔잎 하나씩 떼어내며
지난 시간들 소가 되새김질하듯
하나하나 되뇌며
눈뿌리 아득한 눈망울
그리워한다

말해 줘

누가 당신
참 좋은 사람이라고

내가 누군가에게
당신 참 좋은 사람이라고
말해 줬으면 좋겠다

남편 당신도
아내 당신도
그래 주면 좋겠다

노오란 산동네

봄이 굽이굽이 실타래처럼
펼쳐지고 있다
노오란 꽃봉오리 새색시처럼 수줍다
홍매화 담 너머 탐방객 발자국 소리
넌지시 듣고,
새벽잠 없는 목련이
꽃구경하고 싶어
깨어나려 애써 본다
코로나도 절기는 가둘 수 없나 보다
여기저기 마스크도 축제다
노란 우산 같은 나무 아래서
찰깍 찰깍 행복한 미소
까치가 산동(山洞) 여린 봄 한 자락 물고
후루루 대숲으로 날아든다

한 발짝
– 초가을

한 발짝 한 발짝
계단 오르듯
청옥 빛 하늘

하루하루 올라가더니
오늘은 갈맷빛 초리들도
하늘을 받치느라
힘이 들었던지
얼굴이 석류 빛처럼
붉어져 가고

이제
여름을 보내느라
서운 했던지
노을 눈시울이
꽃무릇빛 닮아간다

아버지 은수저

집을
정리하는데

부옇게 색이 변한
수저 한 벌 잠자듯
누워있다

얼마 전 찾다 못 찾은
아버지 수저
이제부턴 내가 쓸데가
됐다고,

반짝반짝 윤나는 수저로
밥 한술 입에 넣었다
근데 입안이 먹먹하다
병이 우럭우럭하여 죽 한 사발도
못 다 드시고

\>
기약 없이 홀연히 구름처럼
떠나신 생각에
아버지 두고 가신 수저
두 번 다시 들지 못했다

갑자기 든 지팡이에
큰 키 어색하게 의지한 채
간신히 몸을 가누시더니
먼 곳을 바라보시며
"참 슬픈 세상이다"

마른 옥수수로 손바닥 문지르듯
몇십 년 흐른 지금도
은수저 반짝일 때면
가슴이 또 아려온다

아침 밥상

한 상 잘 차리고 있다
더덕 햇고사리 산취
해맑은 공기, 여린 햇살
졸졸거리는 개울 다래 머위
치자꽃 새소리 이팝나무

갈맷빛 짙어갈 때
이른 아침 산은
밤 한 상 잘 차리고 있다

초리 끝 별 하나

어젯밤 창밖 별 하나

초리에 달려 있더니

오늘 밤 달빛이

원을 그리고 있네

마치 잘 영근 박 같다

한 달 지나면

송편 내음 달달하겠다

그때는 채반처럼

더 커질까

오월의 눈꽃

앞서가는 이 머리칼이
수양버들 초리처럼
바람을 타고 있다
길 위 눈꽃이 자밤*만큼
군데군데 뿌려져 있어
오월에 웬 눈꽃이?
새벽녘 비바람 치더니
이팝나무 꽃잎
오월 길에 눈가루처럼
뿌려져 있네

*자밤: 나물이나 양념 따위를 손가락 끝으로 집을 만한
분량을 세는 단위를 나타내는 말

하늘 거울

손가락 사이로
하늘을 보듯
솔잎 사이로
초여름 구름 노니는
하늘을 본다
왠지 부끄럽다

거울에 비쳐지듯
속내가 비쳐
그런 것 같다
딱따구리가 콕콕
나무를 쪼듯
침 같은 솔잎
가슴을 쪼는 것
같아 아프다

달빛과 그림자

왜 자꾸 발자국 소리도 없이

내 그림자를 따라 오지

집에 가는 길을 잃어버려

물어보려 따라 오는가

꼭 그림자만 따라오네

담장 돌아가니 달빛도 그림자도 없네

또 따라오네

꼭 그림자만 고양이 발자국처럼 소리 없이
바짝 붙어 오네

방안에 달빛 어디에 있나

실눈 뜨고 봤네

그림자도 달빛도 날 잊어버렸는지 없네

궁금한 이맘은 뭐지?

향기 피어나는 날

새벽 달 보려고
창을 열었더니
반가운 얼굴 보고
깜짝 놀랐네
다음 날도 어제 모습 보려고
창문 열었더니
고운 향기 날리며
하얀 함박웃음 짓고 있네

오늘도 창문 열었더니
새 얼굴들 수줍은 듯
서 있네
이들과 인연은 작년 식목일
묘목을 가져다 심었더니
이제나 저제나 기다렸는데

성숙한 햇살 입김 맡고 피었네
가을에 열매 열리면

주황색 물감에 명주 천
담그면 치자 향 우러날까

한 마리 새가 되어

어디로 가볼까?
한 마리 동박새 되어
노오란 유채밭 날아간다
다리 아프면
그루터기 앉아 심호흡 한번

한 조각 구름 되어
남해 바다 산책하다
다랭이논 모내기
물바가지 되고

어느 날엔 지리산 세석평전
철쭉꽃 되어 고단한 산객 어깨 톡톡
두드려주고 싶다네

키질

찰싹 차르르 철석
언제부턴가 저 소리
감칠맛 난다
키가 겨를 고르듯
철석 철석 차르르
모래를 까불러 자갈
고르느라 키질을 한다
미역귀가 가만 귀 기울여
바다 숨소리 듣고
햇살이 붉은
동백 꽃잎 뿌리며
서녘으로 가고 있다

백설 꽃

간밤 문 두드리는 소리도
없이 목화 같은 백설 내렸다
별 같은 눈꽃들
송이송이들
수십 년 전 그녀 얼굴빛 같다
한 송이 행복
또 한 송이 사랑
송이송이들 건강
켜켜이 다복다복 담아
그녀 생일에 꽃송이
보내려
사랑 끈으로 엮고 있다

태풍 날개

날개 속에
계란 품듯
회색빛 구름
층층이 안고 지상을
내려다본다

이제나 저제나
호시탐탐
준비하고
태풍, 호루라기
소리만 기다린다

하늘나리

산봉우리
홍시 노을빛
벌이 꽃술 빨듯
붉은 햇살 빨아
그런지 빨간 입술
노을과 입맞춤하고 있다

한결 따스하지 않냐?

메말라진 들녘
까마귀 떼 한차례
다녀간 뒤 새소리도 끊긴
수수밭
잿빛 구름만 두어 점 떠 있을 뿐
홀로 서 있는
팽나무 외로울 것 같아
나란히 서 있다
둘이 있으니
한결 따스하지 않냐?

심안(心眼)

육안(肉眼)으로

기억 저 멀리,

심안으로 봤다

영원(永遠)한 회억(回憶)

시월을 읽다

산기슭 내음 길을 건너
온다
마른 잎새들 내음일 거다
소리가 바닥을 쓸고 있다
시월의 소리 외로이 들린다
시월 마지막 날이
담장을 넘어 겨울을
읽고 있다

문중 다른 빗방울

간당간당

턱걸이하듯
매달려 있다

이슬처럼

창밖 먹구름 같은
빛깔로
줄타기한다

색이 다른 방울들
문중이 다른가?

제3부

달빛 어리는 수수밭

바다가 퐁당 빠져버린 하늘
꾹 짜면 파란 물이 뚝 떨어질
것 같다

상수리 잎
귀를 막고 있다
매미 소리, 머플러 터진
오토바이 소리 같은지

해 지려면 아직 한참이나
남았는데
고작 며칠 살다 가는 것
못내 아쉬운지 멕 맥맥 울고

여치, 나 노랫소리 들어 볼래?
이따 달빛 어리는
수수밭으로 와봐

신세대 허수아비

어제가 오늘이 아니다
밭 가운데 서 있는 너
세상 따라 변했지만
어찌 야속타 하겠냐
그래 다 변하는데
너라고 별 수 있을까
찢어진 보릿대 모자
각설이 입다 버린
저고리 걸치고
훠이훠이 참새 쫓던
모습 많이 그립다
밭 가운데 장대 매달린
아이들 놀다 버린 무인기
같은 빨간색 비행기
빙글빙글
새떼 쫓으려 예행연습 중
시절 따라 허수아비도
변하고 널 쳐다보던 검던
머리칼, 하얀 눈이 내렸구나

정월

햇살에
곰실 같은 먼지가
일광욕하다
사르르 내려앉아
매생이 떡국 끓는 소리
듣는 정월 한낮
아랫목, 고릿한 청국장
오한이 들었는지
이불을 뒤집어쓰고 있다

불그레한 호박

늙어서도
쓰임새 많은
불그레한 호박

나이 들어가며
기력이 소진해져
늙은 호박 앞에서
겸허해진다

조율

조율사가 현을 조율하듯
공기를 더듬는다네

탄탄한 것이
피톤치드일까?
통통 뛰어다니는 편백 향에
새들도 추임새 하느라 키르륵 키륵

채 마르지 않은 빨랫감처럼
습한 것이 장마가 오려나

조율사가 현을 조율하듯
공기를 더듬는다네

바람이 슬프다

비가 바람을 불러오는지
바람이 비를 부르는지
대추나무에 올라앉아
바람은 우듬지를
흔들고
잠깐 북향 창 열었더니
소소리바람이
설익은 봄을 낚아챈다
무언가 손에서 툭 놓쳐
버린 것 같다
바람이, 참! 슬프다

빨강 울타리

명주 같은 안개가 끼어있는
이른 아침

어느 집 담장
빨간 장미 줄기가 담장을
타고 있네

간간이 들리는 새소리 맞춰
그녀는 장미 같은 리본을 꽂고

풀잎에 채 마르지 않은
이슬방울 스쳐 넝쿨장미
피어 있는

그 길 따라 그렇게 걷고
여린 갓 피어난 햇살도
친구 돼 걷고 있네

빛의 혼례

이른 아침 창을
열고 들어선
햇살이 커튼을
비추자
수줍은 듯 국화꽃
수선화 줄기가
피어나기 시작한다
말간 빛, 꽃들
첫봄과 혼례를 서두른다

겨울이 무색하구나

쌍계사(雙磎寺)*
바위 틈
상사화
녹지 못한 눈
살가운 햇살 드니
겨울이
무색하구나

*쌍계사: 경상남도 하동군 화개면 지리산(智異山)에 있는
 남북국시대 통일신라의 승려 삼법이 창건한 사찰

피조개 밥

학교가 파하고
우리 집 샘가에
혜경이 기주 손에
꼬막껍질이 들려 있다
빨간 벽돌을 시멘트
바닥에 쓱싹쓱싹 지우개로
공책 글씨를 지우듯
고춧가루 만들어 빈 꼬막에
텃밭에서 풀 뜯어
김치 담그고
엄마한테 쌀 한 줌 얻어
주먹만 한 피조개에
담아 솔가리 불 지펴
게거품처럼 김 오르면
설익은 밥 한입씩 나눠 먹던
보고 싶은 초동 친구
몇십 년
못 봤지만 바람결에
너희 소식 들려오면

가슴이 설렌다
혹여 내 소식 들리거든
눈송이에 소식 하나 얹어 보내 주라
보고픈 얼굴들 눈뿌리 아득타

달빛 울음

갈잎에 꾀꼬리
울음 스치면
달빛 애닯다고
섧게 비추고
바람에 흔들리는
갈대 비인 허공을
휘젓고 있다
가을은 섧다 섧다
휘휘 갈대와 함께
울고 있다

홍수

강물이 범람한 마을들

떠내려가는
된장독
고무신짝 같다

온통 바다가 되었다

우사를 쓸고 가는 홍수
음메 절규 울음소리

물에 잠겨 반쯤 드러난
전신주만이
노를 저어 물살을
가르고 있다

대청의 환희

봄볕이 툇마루에
졸고
닭 볏이 자꾸
샘가에 머리를
조아린다

노란 장다리꽃에 놀던
몇 마리는 마루 밑으로
종종 들어간다

숙제하다 말고
마루 밑을 들여다보니
큰 구멍으로 들어간다
나른한 봄날이 겨워
살금살금 기어들어가 봤다

그곳엔 보물처럼
계란이 수북하다
마치 소풍 날

보물찾기 공책 쪽지라도
찾은 듯
가슴이 콩닥콩닥

고봉밥처럼 담겨 있는
소쿠리 들고 엄마
내가 찾아냈어

그날의 기쁨

상에 오른 노란 찜 김 피어오르면
엄마 엄마
부르던 그 시절 환히
웃으시던 어머니 얼굴
아지랑이처럼 어른거린다

달빛 뒤편에서

양파 속 같은 비밀 하나,

달빛의 뒤편에서

향기는 은목서 향 같았고

혀는 뱀처럼 감겨왔다

붉은 장미의 가시에 찔릴 때처럼 아찔하다

달콤새콤 레몬 맛이다

햇발에 달궈진 모래톱 같다

양파 속 같은 비밀 하나,

오만한 영혼
- 흑장미

날이 선 햇발을
도도하게 바라보는
검붉은 얼굴

수많은 침을 세우고
에스프레소 향보다
진한 입김

가시에 심장이
찔릴지라도 저만 바라볼
누군가를 기다리는
오만한 영혼이여!

아메리카노 향 빗소리를 듣고

겨울바다 가는 길
조금만 더 가면 해안선이
보일 듯한 자락에

너와집처럼 웅크린 카페

벽난로 주인이
옷을 말리라고 옆을
내준다

겨울비가 꽤 오지요?
"글쎄요, 봄비가 아닐까요"

그녀의 눈동자에 담겨 있는
휘추리의 발그레한 멍울,

아! 봄비인가 보네요

늦은 오후

밀바의 노래가 분수 물줄기 따라
안개처럼 울리고
벤치에 어떤 그녀 책을 읽고
하룻길을 걸어 온 햇살이
그녀 머리칼에
발그레한 노을빛으로
가을빛 머리핀을
꽂아 주고
홍옥빛 같은 해
산등성이 업어주고 있다

성탄절 이틀 후

비가 오네요
성탄절 이틀 지난 후
비가 나란히 나란히
모든 유리창에 물방울로 맺히고
난 그저 계속 바라보고만 있네요
산자락에도 비 내려
예수님 손바닥 피 같아
그것을 망연히 보고만 있네요
그렇다고 내가
성당을 다니는 것은
아니에요
가본 곳은 전주 전동성당이
다이니까요
아! 그러면 불교,
가본 곳은 조계산 선암사
지리산 화엄사
부처님 미소 본 것이
전부니까요
비가 오니 겨울비는 눈보다

더 차갑게 느껴지는지
나무가 덜덜 떨고 있네요
누구 가슴,
내 가슴에도 빗소리 들리네요
물방울 때문에 나가지도 못하고
창밖을 이렇게
바라보고만 있어요
내일은 따뜻하다 하니
가르멜라 맨발 따뜻함을
부처님 입가 잔잔한 미소,
은은한 봄날 같은 마음으로
경배드릴 거예요
혹시 알아요?
어쩌면 이 비에 새순이 잉태될지

할아버지와 숨바꼭질

자식 내외 출근
코로나, 유치원 초등
입학도 연기
아이들 놀아 주려고
숨바꼭질 가위바위보
술래 되어 이 방 저 방

널브러진 소꿉놀이
아이 마음 알자
아동심리학 공부

점심 계란찜 인터넷 검색
낮잠 자는 사이
오래간만에 차 한 잔
티브이 앞에 앉아만 있는,
안쓰러워 나들이

어느 학교 운동장
킥보드 타다 넘어져 우는,

가게에서 간식 골라 주기
일 보고 합류한 할머니도 지쳐

퇴근시간 기다리다
우리도 퇴근
다리가 팍팍하다
하나 집에 오니 그래도
아이들 좀 더 못 놀아줘
가슴 한 편 가엾다

한쪽 코가 낮은 구두

현관에 밤색 구두
한 켤레 가지런히
주인이 반려견
바라보듯 보고 있다

초등 일학년 때인가
진열장 놓인 구두에
너무 끌려

엄마 손잡고
한 손은 구두 상자
깡충거릴 듯

밤이 되자
바둑이가 물어뜯을까 봐
책상 밑에 두고 몇 번이고
만져보곤 했다

＞
그땐 육십 년대 초라
아이 구두 만드는 기술이
서툴러 그랬던지
한쪽 코가 살짝 낮았던

새벽에 일어나 맨 처음
신어보던 밤색구두
아련한 기억 속
오늘은 구두를 바라보다
문득 어머니 얼굴
그려지고 있는 날

양지(陽地)

입술을 핥고 있는 고양이

아마도 햇살이 달달한가 봐

고기 한 점 던져 주지 못하고

돌아서는 발길이 아프다

마스크

꽃 한 무리 반겨드는데
맨얼굴로 맞이하지 못하고
커튼 같은 천으로
가리고 너의 향 안으니
참, 참, 그것이 안타깝구나
알레르기 없이 널 만날 날은
언제이려나

제4부

산란(産卵)

듬성듬성한
초록 잎 사이
빛이
산란(産卵)하고
산고양이 두 눈 햇살에
청자빛처럼 반짝인 듯
숲길에 상큼한 오월이
걷고 있다

발효되는 봄

누룩이
칠게처럼 도란도란
거품을 내듯

연초록 얼굴들 피어나니
발효되는 곡차처럼
봄이 숙성돼 간다

적란운

늦가을 진홍색 단풍 따라
모처럼 나들잇길
갑자기 진한 회색빛

하늘이 침침해졌다
내 마음까지도 암울해진다

마당에 널부려져 있는
낙엽을 싸릿대 빗자루로 쓸어내듯
싹싹 쓸 수만 있으면

아니 저 찡그리고 있는 먹구름을
훅 촛불 끄듯 불어 버릴 수만 있다면

이 빗자루가 구름에 닿는다면
내 입김이 저 적란운에
닿을 수 있다면

봄, 그리며

강바람 산등선 스쳐간 후
뉘 집 돌담에
노란 꽃눈
떡시루처럼 켜켜이 쌓아 둔
영자네 돌담에 등 기댄
매실나무 잠 깨려는지 눈 살며시
뜨려는 하얀, 발그레한,
봉오리
엿새 후면 눈꽃처럼 흩날려
골목은 향기에 취해
아마도 굽은 길이 반듯하게 보일 거야

침묵의 성찰

낙엽이 후르르 날아간다
한 잎 한 잎

시간은 계절을 들쳐업고
종종걸음으로,

생채기 난 가슴은 다
잊어야 한다고
시간은 응어리들 잠재우려
날짜들 위로 걸어가고

달력 한 장 강쇠바람에
떨고 있을 때
침묵의 성찰, 저 눈송이처럼
고요 속에 앉아 있다

무겁지 않네

맷돌 만한 달빛 업고 가도
무겁지 않고
물결은 이불 같은 구름을
덮고 있어도
물을 덥히지 못하네
푸른 하늘빛 뚝 떨어져도
얼음은 물들지 않네

화술(話術)

아이는 어린이집 가던 길을 멈추고
쪼그려 앉아 화단에 쥐 한 마리를
지켜보고 있다
"근데 새끼 쥐는 왜 안 보여?"
글쎄 춥다고 안 나왔겠지
어, 새끼 쥐, 새끼 쥐?
쥐새끼, 쥐새끼
고양이 새끼, 새끼고양이,
앞뒤 글자만 바뀌었는데
쥐새끼는 욕이 되고
새끼 쥐는 평범한 말이 되네
그렇지,
옷도 뒤집어 입으면 흠이고
바로 입으면 좋아 보이듯
하여 네 살배기한테 말하는 법을
배우고 있네

비안개

비안개를 보면
까닭 모를 외로움

쓸쓸한 마음
설움의 날개를 달고

호숫가 안개 속
풀잎을
유영한다

노크

전화벨이 종종걸음을 한다
어디 몇 번이고 울려 봐라
내가 받나
알지도 못한 번호가 엿장수 가위 소리에
짖어대는 개소리처럼 반갑지 않다
엊그제도 보이스 피싱에 낚일 뻔했는데
한 번 속지 두 번 속나
그래서 요즘은 처음 걸을 땐
미리 문자로 나 친구 미숙이다
내가 전화 걸어갈게 이 번호로
전화 오면 받아 줘
미리 문자 보내는 게 남 집 방문할 때
문을 두드리는 것처럼 예의다
계속해봐라
내가 전화 받나 자꾸 하면
건널목 차단기처럼 번호 차단해버린다
난 핸드폰에게 충고한다
다신 이 번호 오면
알리지 마, 알지?

비 갠 초여름

비 갠
초여름 아침
가슴에 넘쳐나는
숲의 푸르름
사진에 담았는데

계곡을 타고 오른
이 청아한 바람은
어디에 담을까
솔 향기 가득한
이 풋풋한 향기는
어디에 담을까

월포마을*

오래전 달뜨면 하얀 돛배
해풍에 날리던 포구
솜털 같은 매생이 떡국
초록빛
물고기가 헤엄치는 것 같다

*월포마을: 전남 고흥군 거금도에 있는 마을

다윗 반지

"영광도 패배도
이 또한 지나가리라!"
그런데
물풍선처럼 수도꼭지
아무리 물고 있어도
배고픔은 지나가지 않네

거울

언젠가부터
거울 앞을 지날 때
사십 때에는 형님이 서 계셨고
흰머리 희끗희끗할 땐
아버님이 서 계신다
나이가 들어가면서 닮은
그리운 얼굴 뵐 수 있어
나이가 들어가는 것
나쁘지만은 않은 듯

얼굴마저

꽃잎에 새겨놓은 얼굴

꽃이 진다면 얼굴마저

잊힐 줄 알았지만

눈에서는 잊혔는데

마음에선 지워지지 않네

웅도*

개펄 바지락 캐듯
너럭바위에 앉아
푸른 별빛 오리던
눈망울

몇십 년 만에 바위에 앉아

별빛 담던 눈망울
보이지 않지만

물비늘처럼 반짝이는
푸른 별빛 홀로 가슴에 담는
기억의 밤 이슥하다

*웅도: 충청남도 서산시 대산읍에 속하는 섬

새 소리도 적막하다

숲에 새소리 부쩍
줄었다
그 많던 여치 소리도
겨울잠 자는지 고요하다
12월 숲은 솔가리로
겨우 몸을 가릴 뿐
적막한 산은 하얀 눈으로
옷 한 벌 지어 입으려나
한기 가득한 텅 빈 겨울 산
내 빈 가슴 같구나

정월

햇살에
곰실 같은 먼지가
일광욕하다
사르르 내려앉아
매생이 떡국 끓는 소리
듣는 정월 한낮
아랫목, 고릿한 청국장
오한이 들었는지
이불을 뒤집어쓰고 있다

나들이

잿빛구름 첫눈을 부르는 것 같네
섬진강 가 허름한 간판 한식뷔페
시골에 썩 어울리진 않네

주인 할머니가
방금 끓인 보리새우국 따뜻할 때
먹어 보란다
그러고 보니 나물 수육 호박죽 카레
가짓수가 많아 그래 뷔페인가

난로 옆에 앉아 물 한 잔 마시면서
가만 보니 장작이 차가운 온도 아궁이에
군불을 지피느라 따다닥 타닥 소리
시린 손은 곁으로 오라는 초대장 같다

오랜만에 들어본 장작 타는 소리
겨울을 노래하는 것처럼 정겹고
한지 아랫목 같아 마음이 평온하다

창밖 잿빛구름
곧 목화송이 같은 눈이 오려나

유월

구름을 얼기설기 가린
오리목 잎사귀들
수다가 한창이다
바람이 다른 길로 갔는지
잎새들 잠시 숨을 고른다
새들 왜 말을 멈췄어
들으니 재미있던데
또 해봐 아, 심심해 또 해봐
밤꽃 향 가만 귀 기울인다

보름밤 한 뼘

보름이라고

보름달로 떴네

손 뻗어 감 따듯

따려면 한 발 더 높아지고

까치발로 따려면 두 뼘 더

높아가고 저 달 같은

그네의 마음

오래전 회상 달빛에

어른거려 눈시울에

달빛 담아 보는 밤

달빛이 가슴을 휘젓고 있다

빗소리와 펜

장맛비 회초리 들었다

너 왜, 이렇게 물을 끓여

세상을 시래기처럼

메말리냐

그래도 정신 안 차리냐

천둥 우레로

반성하라고,

우렁찬 폭우에 이제야

대지와 물상들 목 축인다

아까부터 이 광경 바라보고 있는

\>
남자 하나

비만 오면 창밖을

몇십 년째 바라본다

뇌성에 놀란 듯

빗방울 튀긴 종이에 뭔가

긁적이고 있는 것 같다

감또개

감또개 툭 툭 소리
너럭바위에서
바둑을 두고 있다

제5부

한가위

오랜만에 만난 별들 자정 넘도록
도란도란 이야기 꽃을 피우느라 불을 켜고 있다

새벽 네 시인데도 달빛은
친척을 찾아가는지 서쪽으로 가고

지상에 내려온 몇몇 달빛
풀잎 이슬을 어루만지고 있다

어떤 집 소녀 머리맡, 색동저고리
나들이가 고단했던지
소곤소곤한 숨소리 달빛이 창밖에서
지그시 웃고 있다

새벽 비

비는 자박자박 새벽을 걷고
산책길 옆 벤치,

풀꽃다발이 비를 맞고 있다
정성들여 만든 것 같은데

선물한 이도 버린 이도
이른 새벽, 가슴에

저 꽃송이처럼
눈물 흐르겠지

아테테*

오늘은 봄날처럼
따뜻해
해변에 서서
바다 건너오는
남실바람을 만나
어떤 이 생각에
곰피** 향
곱게 접어
아테테 드레스 자락에
고이고이 수놓아 보내옵니다

*아테테Atete: 오로모족(아프리카 북동부 에티오피아의
　　　　　　최대 부족) 여신으로 풍요와 다산, 봄을
　　　　　　관장한다.
**곰피: 다시마목 미역과의 다년생 대형 갈조류

連理枝 2

내가 여기에 꼭 붙어
산 지가 몇십 년
산자락이 손에 닿을 듯
상수리 톡 소리가 들릴 듯
청아한 달빛 속에
여치 소리가 계절을
일러 준다
낡은 집을 떠나고 싶지만
이런 물상을 두고 갈 엄두가
안 나
해남 대흥사(海南 大興寺) 연리지처럼
살고 있다

여름 편지

매미 소리, 진초록 숲만큼
울울창창하다

암자가 있는 곳
물소리에 폭염도 날개를
펼치지 못하겠다

몇 해 전 녹차 향, 솔바람,
그윽했던 여운에
산봉우리 꽃구름으로
선봉잠* 꽂는 날

녹차 향 만날 생각
기방에 담고 있다

*선봉잠: 큰머리할 때 머리 중앙 앞부분에 꽂는다

공간(空間)

흔들바람이 분다
이 바람은
설렘이 있다
근데 왜 설움 반
외로움 반일까
공간(空間)에 풍경(風磬)이
단풍잎 하나
초겨울로 툭
던지고 있다

달빛 울음

갈잎에 꾀꼬리
울음 스치면
달빛 애닯다고
섧게 비추고
바람에 흔들리는
갈대 비인 허공을
휘젓고 있다
가을은 섧다 섧다
휘휘 갈대와 함께
울고 있다

금둔사*

산골바람
스쳐 가니
납월매 꽃비
되어
연지처럼
붉은 동백꽃에
앉아 있네
버들개지 솜털 같은
햇살이 수줍은지
고혹한 납매 두 볼이
더욱 붉어진다

* 금둔사: 전남 순천시 낙안면 상송리 산2-2에 있는 절. 금둔사의 야생 매화는 우리나라에서 가장 일찍 피는 것으로 알려져 있다. 특히 홍매화는 음력 섣달(12월)을 뜻하는 납월(臘月)에 피고 져 납매(臘月梅)라는 별칭을 얻었다.

가을은

밤새 잎을 떨구어 버린
나무는
더욱 스산하고
오늘따라
더 높이
나는 새를 보니
정녕 가을이 깊어
가는가 보다

노인과 상사화

벤치에 상사화 등지고
앉아 계신 백발이 성성한 노인

안사람 몇 해 전 떠나고
요양병원서 몇 년 계셨단다

늙으면 갈 곳은 산 뿐이 더 있겠냐
요양병원 노인 삼백 명 있어도

오십 명은 죽고 싶어도
맘대로
안되니 괴롭다고

상사화 꽃잎처럼
눈시울이 붉어지신다

아프다 바람!

어제가
오늘이 아니다

연일 폭염이 봇물 터지듯
하더니

하룻밤 보낸 새벽은
이슬처럼 맑고
풍선처럼 가볍다

왠지 모를 공허한 바람이

아프다

처서가 저만치서 열차표를
만지작거리고 있다

범종

옥빛 같은 하늘빛
너무 곱고 고와 슬프다

눈부셔 비키는 눈동자
푸른 가을 하늘 떠 있고

둥둥 어리석음
깨우치는 법고 소리
성찰하란다

잿빛

잿빛 하늘에 노니는
까마귀야
너도 눈 오는 것 좋아
영하의 허공을
맨발로 휘젓느냐
날갯짓하는 모습
눈 올 것 같아
폴짝폴짝 뛰어다니던
어릴 적 내 모습 본 듯하구나
백설 내리면
내 백발 구분 어려워
어이 빗질할거나

흙길

땅거미 지는 흙길

은행나무가 뿌려 놓은
주걱모양 잎들

응달 길섶에
크다 만 국화꽃

스산한 바람결만
냉랭한데

움푹움푹 패인 길
지나가는 이들
마음 생채기 같다

구월

푸른 호수 돌 던지면
풍덩 소리 나듯

하늘을 툭 치면
파란 유리잔 부딪치며
쨍그렁 소리 날 것 같은

오늘이 꼭! 그래

벚꽃의 오해

찬란한 꽃잎들
날개를 달고 있는데

사람들은
꽃이 진다고 한다

아니다
소녀가 새 원피스를 자랑하듯

꽃잎들이 자태를 보여주려고
그런 것이다

지고 있다
생각한다면 큰 오해!

비 오는 날 2

비에 흠뻑 젖듯이
주점에서 어떤 사람
술에 젖어 있네
건너편 숲은 비에 흠뻑 젖고
전신주에 까치가 비에 젖은
날개를 털며 뎅그러니 앉아
유월 빗소리 듣고
산자락 느티나무 붓꽃을
우산처럼 받쳐 주고 있네

구월은 아프다

텅 비워버린 하늘처럼
까닭 없이 탕연(蕩然)하다
그늘에 들면 서늘하고
햇발은 더운 김 토해내고
그럼 어깨 반은 햇발에
남은 반쪽은 그늘에
참 어려운 숙제다
솜사탕 바람에
놓쳐 버린 아이처럼
반반, 그래 허전한가
밀바의 〈서글픈 사랑〉
듣고 싶다

수능

소소리바람에 댓잎 떨 듯
묵주가 이리 떨리는데

부디 뒤주에 쌀을 담듯
답안지 꼭꼭 채워주기 바란다

올해는 수능 한파도 없다는데
찬바람 목덜미를 파고든다
나만 그런 건가?

보길도

예송리 일출 사진
스치다
싱그러운 오월 갯내음
남실남실 물결 따라
붉은 빛
그때, 시간 흘러
그립고
진한 추억이 되었네
그곳 한 번 더 간다는 게
쉽진 않지만 마음속 몽돌에
다시마 널고 전복 한 조각
입안에 알싸하게 번져오고
미역귀 파도 소리 듣고 있는
예송리,
그곳이 그립네

겨울 속 봄

십이월
소도록 소도록
빗소리 듣고 싶어
창 열어보니
무르익은 봄에
김이 나는 건초 내음이
훅 코끝을 스친다
겨울비가 봄을 주무르고
있다

카톡

따르릉 따르릉

산수유님 저는 濟州 유채입니다
언제쯤 나오실런지요

네, 반갑습니다
속눈썹만 붙이면 됩니다

매화님, 저는 山洞 사는 산수유입니다
보고 싶어 전화 드렸습니다

파운데이션을 바르느라 좀 늦습니다만,
곧, 만날 수 있겠습니다

매화입니다
진달래님 궁금해 연락 드렸습니다

네, 연분홍 립스틱만 바르면 바로 나갈게요

＞
안녕하세요
저는 개나리입니다 목련님 언제쯤 뵐 수 있을까요

솜털 옷을 벗고 드레스를 입느라 늦어지고 있습니다

우아한 모습 보고 싶습니다
오실 적 꼭 연락 주세요

카톡으로

구름꽃 피던 날

구름 따라가다
바다가 보이는 언덕
접시꽃 한창이다
꽃이 나를 보고
내가 꽃을 보고
수줍다

아냐!

우린 초여름 구름꽃을
좋아하나 봐!

작가노트

나의 삶, 나의 시

 내 평생에 시 한 편 팔아 돈으로 바꿀 수 있다면 얼마나 좋을까 하는, 그런 소박한 바람이 있었다. 글 한 편이 팔린다면 시가 그만큼 값어치가 있다고 생각했기 때문이다.

 초등학교 시절 아버지께서 지방에서 신문사를 경영하셨기에 학교가 파하고 집에 오면 조판공 활자 뽑는 핀셋이 신기해서 졸졸 따라다니면서 구경하는 것이 일상이었다. 지금은 내가 조판공처럼 펜으로 단어들을 집어내고 있다. 그 시절 담임선생님으로부터 글짓기 해오라는 숙제를 받고 써간 글을 보신 선생님은 이 글을 누가 써 주었냐고 물었다. 이삼일 뒤에는 글을 쓸 때 누가 옆에 있었냐고 물었고, 그 후로도 두세 번은 더 물어보곤 했다. 지금 생각해봐도 왜 선생님이 몇 차례씩이나 그렇게 물어보셨을까 궁금하지만 오십 년도 훌쩍 지난 일을 누구에게 물어볼 수 없다.

중학교 여름방학 때 누나 집에 놀러 갔었다. 턴테이블에서 흘러나오는 최양숙의 번안 가요 「황혼의 엘레지」를 좋아하였기에 지금도 누군가가 좋아하는 노래를 부르라고 하면 나는 맨 먼저 이 노래를 선곡할 뿐 아니라 글을 쓸 때마다 꼭 한 번씩 듣곤 한다. 어쩌면 이 노래의 가사와 같은 시를 쓰고 싶어서일지도 모르겠다.

십 대에 신춘문예 응모하는 것이 연중행사였다. 그리고 선에 들지 못했을 때의 행사는 늘 뒤풀이를 하며 다시금 재도전의 의욕을 불태우곤 했다. 큰형님은 아버지의 뜻에 따라 의대를 가긴 했지만, 소설가로 살아가고 싶었던 형님 방에는 책들로 가득했다. 한번은 이사를 가려고 대문 앞에 책들을 쌓아 놓았는데 이를 본 동네 사람이 전에 서점을 했냐고 물어보기도 했다.

초등 시절 내가 뭘 안다고 무심코 빼서 읽은 책들은 단테의 『신곡』, 앙드레 지드의 『좁은 문』, 로버트 루이스 스티븐슨의 『지킬박사와 하이드』, 허먼 멜빌의 『백경』, 어니스트 헤밍웨이의 『노인과 바다』 등이었다. 책을 읽고 난 뒤 밤이면 무서워 엄마 곁에서 잠을 자기도 했다.

입대하여 훈련 중 좌로 굴러 우로 굴러 기합을 받던 중 문득 파란 하늘에 구름 몇 점 떠 있는 모습에 넋을 놓고 있다가 조교 눈 밖에 난 일은 지금도 9월이면 기억 속에 선명히 남아 나의 시 창작의 한 자리를 차지하고 있다.

청년 시절부터 사업에 뜻을 두고 일을 했지만, 늘 마음 한편에 진한 향수병처럼 남아있는 시심을 감추고 사는 것은 너무 힘에 부치는 일이었다. 한번은 화장품 계열 대리점을 했을 때 여성 외판원이 판매대금을 입금도 안 하고 출근도 안 해서 집을 방문했는데 직원의 시어머니가 한 살쯤 돼 보이는 아기를 업고 나와 지금 며느리가 집에 없다고 했다. 그러나 거짓말인 줄 번연히 알면서도 오죽 궁핍하면 거짓말하겠냐 싶어 모른척했다. 대리점 대표 모임에서 그 말을 했더니 나이 많은 선배 대표들이 사업가는 인정을 베풀면 망한다고 말했지만, 난 그 말이 영 싫었다. 그 뒤론 운수회사를 비롯한 다양한 사업을 하면서도 시를 써야 한다는 생각을 좀처럼 떨쳐버릴 수 없어 몹시 가슴이 먹먹한 시간들이 마치 채무를 이행하지 않는 것처럼 마음이 쫓기는 삶이었다. 또 한때는 사업을 하려면 시를 쓰면 나약해질 것이라는 마음에 시를 쓰지 않으리라고 다짐했지만 그건 나에겐 너무 어려운 풀 수 없는 공식이었다.

 나이가 들어가면서 점점 더 심해지는 시의 고향으로 달려가고 싶은, 이런 것이 무녀들의 거역할 수 없는 신내림일까, 시로 인해 신열을 앓고 있던 중 때마침 지역에 시 창작 강의가 있다는 말을 듣고 한달음에 달려가 상당히 많은 공부를 하게 되고 반복되는 시 쓰기에 몰입하여 진솔한 이야기들, 이십 대 초반, 삼십 대에 썼던 시 몇 편이 교수님 격려 속에 영글어지고, 마침내 2014년 『문학에스프리』에 「와온」 외 4편이 신인상에 당선되어 공식적인 작품 활동을 시작하면서 지금까지 『바람에게 신을 신겨 주고 싶다』 『잠이 덜 깬 수련』 『바다는 세 번 옷을 갈아입는다』 등 세 권의 시집을 출간했다.

 앞으로도 나는 위선과 편견이 판치는 각박한 세상에 한 줄기 희망의 등대 빛과 같은 서정시를 먹을 갈 듯 쓰고 또 쓸 것이다.